SUPERTATEN

I'm tad hyfryd

Diolch i Wanda Linnet am ei llun o'r robot

Cyhoeddwyd yn 2016 gan Wasg y Dref Wen,
28 Heol Yr Eglwys, Yr Eglwys Newydd,
Caerdydd CF14 2EA, ffôn 029 20617860.

Cyhoeddiad Saesneg gwreiddiol 2015 gan Simon & Schuster UK Ltd,
1st Floor, 222 Gray's Inn Road, Llundain WC1X 8HB
dan y teitl *Supertato*.

Cyhoeddwyd gyda chymorth ariannol Cyngor Llyfrau Cymru.

Argraffwyd yn China

SUPERTATEN

gan Sue Hendra a Paul Linnet

Addasiad gan Elin Meek

DREF WEN

Mae rheswm da iawn dros rewi rhai llysiau.
Dwyt ti ddim fy nghredu i?
Wel, dal ati i ddarllen ...

Roedd hi'n nos yn yr archfarchnad a
doedd dim siw na miw i'w glywed. Ond –

clatsh, bang – roedd rhywbeth wedi dianc o'r rhewgell.
Rhywbeth bach a chrwn a gwyrdd.

Rhywbeth oedd yn chwilio am helynt.

Helynt mawr.

"Help! Help!" llefodd y Foronen. "Dwi'n sownd wrth y cludfelt!"

"Aaaa!" llefodd y Brocoli. "Mae rhywun wedi tynnu llun dros fy wyneb i gyd!"

"Mmmmmff!" llefodd Ciwcymbr.

Pwy oedd yn gwneud hyn? Ac a oedd unrhyw un a allai helpu'r llysiau, druain?

SUPERTATEN
I'R ADWY!

S

Defnyddiodd hi
ei chyflymder
anhygoel ...

Defnyddiodd hi
ei chryfder
anhygoel ...

Defnyddiodd hi wlanen
a dŵr a sebon.

"Dwi'n gwybod pwy wnaeth hyn," meddai Supertaten.
"Mae pysen yn rhydd!"
"O na – nid pysen!" ebychodd pawb.

"Ie, pysen! Ond dwi wedi dod allan o'r rhewgell nawr ac af i byth yn ôl eto! Ha ha ha ha ha!" Ac i ffwrdd â'r hen bysen gas i wneud rhagor o bethau drwg.

"Mae'n bryd i chi gael bath, lysiau bach!"

"Dyna ddigon!" gwaeddodd Supertaten.

Llamodd hi tuag at y bysen, ond neidiodd y bysen o'i dwylo a diflannu.

I ffwrdd â Supertaten i chwilio pob twll a chornel.
Aeth yn araf deg drwy'r cacennau ...

gan bwyll bach drwy'r cawsiau ...

a sleifio at y ffa.
Yna daliodd
rhywbeth ei
llygad.

"Mae hi ar ben
arnat ti!"
bloeddiodd
Supertaten.

Ond bownsiodd y bysen
o'i gafael hi a glanio ar droli.
Roedd Supertaten ar fin
atal y bysen
â'i chryfder anhygoel

pan aeth y troli yn erbyn y rhewgell –

a thaflu Supertaten i'r dyfnder rhewllyd.
Ai dyma'r diwedd i Supertaten?

OCH A GWAE!

Ddim yn hollol.

Ond roedd y bysen wedi codi arf ac yn barod amdani. "Mae hi ar ben arnat ti, Supertaten!" gwichiodd.

Ond gwnaeth Supertaten ymdrech enfawr ...

a rhedeg nerth ei thraed.
Buodd y bysen bron â'i dal hi wrth y ffa,
cael a chael oedd hi wrth y caws.

Llwyddodd i'w chornelu wrth y cacennau.

"Dyma'r diwedd i Supertaten!" sgrechiodd y bysen. "TATEN WEDI'I STWNSIO fyddi di cyn hir!"

Mae'n rhaid mai DYMA'r diwedd i Supertaten?

"Ddim heddiw, fy ffrind,"
meddai Supertaten.

"Wedi dy ddal di!"

"Mmmmffff!" meddai'r bysen.

"O do," meddai Supertaten. "Chwaraeais i dric a llyncaist ti fe. A'r jeli hefyd! O do!" A gwenodd hi o glust i glust.

Roedd Supertaten wedi achub y dydd.
"Ewch â'r bysen oddi yma," meddai hi.
Ac aeth dau fys pysgod â'r bysen yn ôl i'r rhewgell.

"Mae blas pys ar y jeli yma!"
meddai'r Brocoli.
Chwarddodd pawb, a gweiddi hwrê.

Felly, cofiwch, blant ...

120
100

Mae rheswm da iawn dros rewi rhai llysiau. Efallai y byddai hi'n well i chi fynd i gael cip ar eich rhewgell chi. Rhag ofn bod rhai ohonyn nhw wedi dianc ...